草庵歌

出版緣起

在佛經中記載著，在地球剛形成時，光音天的天神，被美麗的地球所吸引，從天上來到地球，也就是人類的祖先。彩虹不但是世界共同的吉祥象徵，在佛法中成證虹光身，更是殊勝的成就。

虹彩光音系列，結集了地球禪者洪啓嵩禪師所修造的法要偈頌、詩詞，傳承古代大成就者「道歌」的傳統，將修法心要，總攝於短短的詩篇中。是修行者的無上寶藏，更是現代人智慧的心靈活泉。

在這個輕、薄、短、小的時代，虹彩光音系列，以別出心裁的版型和視覺設計，希望為繁忙、緊張的現代人，在紛擾的塵世中，打造隨身的心靈淨土。

在短暫、瑣碎的時光中，都能創造生命最大的價值。

祝福您時時安住在如虹彩般美麗的清淨自性，成證虹光身，圓滿成佛！

序——一九八三年閉關隨筆

吾結草庵無寶貝，飯後從容圖睡快。
成時初見茅草新，破時還將茅草蓋。
住庵人，鎮常在，不屬中間與內外。
世人住處我不住，世人愛處我不愛。
庵雖小，含法界；方丈老人相體解。

—唐・石頭希遷禪師

早在大學時，我就一心想入山閉關，但是母親希望我完成學業後再去閉關，後並親自為我尋覓關房。後閉關地點選在南投仁愛鄉的深山，我以入山造林的名義入山，用一座簡陋的工寮做為關房，那裡野獸出沒，人跡罕至，只有打獵的原住民一個星期會經過一次。

當時我寫好遺囑，決心閉生死關。而母親知道，這很可能是生離死別了。但是她以將兒子供養三寶的心意，含淚送我入山。

在深山閉關的歲月中，我對佛法產生了更堅實深刻的體悟，對念佛三昧、海印三昧，大手印、大圓滿等教法，及禪宗法門，也自然生起殊勝的現觀覺受。《草庵歌》是一九八三年底至一九八四年，我在山中閉關歲月的隨筆。雖然只是身心幻化過程中的隻字片語，但是依然祈願能奉獻給法界眾生，具足圓滿解脫。

二〇〇三年，我一生中最重要的修行支柱與護法——母親，往生了清淨佛土。看著母親的逝去，心中只覺得惟有使人間成為佛土，一切眾生成佛，才能回報，如同觀音菩薩的慈母恩德。

感恩法界及一切眾生，
願大家具足永恆的喜樂，
更願一切眾生證成無上菩提，

更願一切衆生證成無上菩提，
圓滿成佛！

目錄

脫落

壺蓋忽落地
徧地找不著
原來這底事
寧為無底人

仗劍斬佛

昨夜劍斬諸佛陀
今日頂戴諸佛陀
本來幻變無常事
空明瑜伽總是真

後記

疑世有知解宗徒，復謗我執常耶！一笑。

疑情

有疑處時急須走
無疑處時亦不留
恁麼無住恁麼住
不餘些子與磨菇

詠伽藍

伽藍護誓之聖者　威猛自在大丈夫
降伏群魔護行者　永斷諸般障礙道
迴向降魔自在者　速集佛智永無餘
或證最上諸事業　究竟成佛度有情

如來祖師禪

威猛藍獅智慧俱
無礙象王果地行
華嚴法界聖日現
圓證如來祖師禪

後記

有禪師謂如何是祖師禪？曰：獅子一吼芳草綠。

如何是如來禪？曰：象王回顧落花紅。

獅謂具足威猛之文殊大智。

象王謂趨於果地之普賢行滿歟？

象王為一生補處最後身菩薩示現應身所顯耶？

象王為將圓滿佛果之顯耶？

遊戲三昧

心中雀躍之模樣
巧似鄰童遊戲然
佛陀笑此癡子女
因果同證普賢行

真性

持是持持
止是止止
無二分別
一性體真

洞山五位

正中偏

初睹明月似相識　舊情難忘遭猜疑

境界萬千天馬行　時時保任列聖儀

偏中正

姝麗艷色塗粧痕　朝夕相會意更深

勸君盡棄舊顏色　轉共畫眉唾翠人

正中來

郎君醉臥高堂前　夫人躡足被輕掩
此中深情向誰道　不共他人百花前

兼中至

千般花月滿色新　狼煙鋒起侵上京
情深自然護園苑　手舞刀兵火裏生

兼中到

君王分座共山河　慚愧無事歸家坐
訪徧萬山千重水　家居常宴諸上客

大悲如幻

自身如海雲
毛孔諸漩澓
覺受證量合
如幻三昧智
誓入大覺位

知見覺受多
非證量所成
於此永決定
大悲而顯現
娛悅佛世尊

內外不著

外顯諸有皆如幻
內起覺受亦幻化
內外不著永決定
無生法性甚樂哉

自性圓滿身（觀密勒傳有感）

南無善逝世間解　南無無上佛陀耶
開我迷霧悟法身　剎那之際悉圓滿
從來不捨亦不離　自性所具圓滿身
開顯受用法身樂　成持一切之果德
恒願法身遍虛空　並持果報報身德
無量劫來說空法　恆度虛幻一切眾
化身無量及世間　一以聲空無二語

妙音且喧一切法
恆住涅槃不捨離
南無密勒日巴尊
願彼恆住涅槃時
圓滿成就佛果身

一切有情皆隨順
南無妙音如來佛
我今發願度諸眾
無一剎那而捨離

鬆緊

緊是鬆來緊是實
體性不二體安然

無生

無生出生生無生
體體如幻幻化生
是即同體無二性
顯現無邊任運境

憶父

在山修行時
忽憶起慈父
慈父一何在
思念淚珠滴
在佛淨土否
恨兒不得見
兒之功德薄

未至任運地
當修行勇猛
迅速而成佛
以報慈父恩
以報慈母恩
以報三寶恩
以報眾生恩

毗沙門天王

金光晃耀毗天尊
往昔願力不思議
吉祥天女善眷屬
諸子事業咸成就
領此無畏之天軍
一切修行之障礙
一切密語之成就

成就佛法大吉祥
願尊及早成佛時
迴向佛法大吉祥
一切部將悉心安
捍衛諸佛護法城
祈尊破除至無餘
三昧成就大成就

乃至成就果地佛　圓滿三身之成就
祈尊護誓至無餘　與尊善緣往昔結
而今成就大喜悅　我倆早日皆成佛
一切眷屬咸成佛　度眾無餘笑呵呵
常寂光中常不捨　無越成就祈成辦
一切大眾皆吉祥

自覺

心自覺非覺自心　心自明朗自空明
法身顯現無限尊　無雲現空無不成
自在受用自法樂　常寂光中常明了
無知之知甚微妙　無見之見洞察了
無量生死千億劫　而今我終洞察了
大光明藏親收得　摩尼寶珠光耀耀
哈！任運成啊任運成

廣大一味顯空明　百千境界森然顯
無斷妄真不立明　空覺極受空樂用
大大方方顯大千　任運堂堂恁麼得
而今親見釋迦面　百千億佛親見得
朗然自成佛本義

聲空不二

究竟圓滿聲空聲　顯空不二法明海
無二來去自真如　無生顯現不思議
真空能契八不教　而於真實而顯現
但契真空不二法　極其明顯之教授
今我歌唱真實語　取悅十方三世佛
佛子無以呈供養　以諸法悅喜佛陀

後記

極其明顯之真實教授，於不二大悲、大智幻化雙運海中，明顯如實流出聲空不二之金剛句，最極堅固不二，以無實故，以明空故，其不可毀，不可壞；導引大樂智悲，以契一切衆生之真如本性，以顯有情之甚深空樂，以滿悅如佛衆生之空悲顯現如幻佛陀；甚矣哉！奇哉！真實法明。

密勒日巴

密勒日巴至尊者　我於此處至心禮
汝之行徑我不會　我之緣生汝不取
於此相會如日月　明明朗朗相照時
願於普天皆有益　成就諸佛常寂光
一切眾生咸成佛

殊勝本尊觀

殊勝諸佛本尊觀
不起意念作分別
一切光明常瑜伽
心自覺起自佛身
何用起分之觀法
自身佛陀自顯現

自性佛

無愧於心真坦然　赤裸顯現常寂光
六識鬆緩安然住　自性佛陀常顯然
能入法界無體性　自得無上正等覺
如是教法甚稀有　敬禮教傳密勒尊

六大常瑜伽

真常六大常瑜伽
是即六大皆融合
本體光明常顯現
自身即是法界體
焉用其餘之修持
現證本來是佛陀

緣起

六識法爾常自在
赤裸坦然鬆緩住　〈六識〉

顯空不二性相離
無生直顯緣起性　〈性空〉

外現內具雙會有
一切幻現唯識有　〈唯識〉

坦然住於本來境
凡所顯示如實性 〈真常〉

性起圓融雙會合
子母光明真如義 〈性起〉

朗朗一念具三千
無有一境離此者 〈性俱〉

體現六大常瑜伽
光明所顯皆真實 〈六大〉

我此深住如來性
大光明藏一念起　〈一念〉
寂滅性中平等意
但於緣處轉知合　〈不二〉

決定

自心把握若起時　不靠外物而決定
不依外喻而趨入　不需外在之三寶
當下顯現自體性　自心佛陀體中圓
自性三寶三密現　為使眾生得決定
外顯光明之本然　隨意應作皆任運

修持莊嚴

一切緣起之幻化　為我修行之莊嚴
我於彼處不執持　不取不捨自解脫
法性煩惱等一味　我於自在之把握
緣生一切銷法性　於此見地皆真實
希懼二魔今已除　自在融融顯大樂
依此大樂不用除　彼為空性之自證
非用覺觀之所得　非於識性而顯現

依彼繫緣法界性　赤裸袒然自然成
觀見本來法界心　一切圓成自實現
於彼真實現佛陀　法界體性三身佛
不用觀想離言詮　於諸三時自然顯
具足法性之實際　明空袒然赤裸現
具足報身自大樂　空樂不二之真實
一切圓滿報身現　身如琉璃顯莊嚴
具足種子一切相　光明威赫本尊相
於此大智作用中　煩惱顯現皆莊嚴

煩惱所顯隨解脫　輪涅雙離一味解
任運廣大寬坦中　眾生隨類各得解
同證不二涅槃城　自在坦然之法性
諸佛同嘆常寂光　自性為我作莊嚴
自性佛陀恆不離　一切諸證同成佛

敬禮至尊

敬禮至尊密勒日巴
尊之苦行集眾譽
尊之傳承麗平日
聞尊之名信解生
眾成解脫涅槃城

大疑

心中忽起大疑惑　疑所見者是佛耶
疑所證者是何耶　疑有佛果可證耶
疑彼真有佛陀耶　疑彼諸法真實耶
疑我何以得成耶　疑我是否為法器
是否當證佛陀耶　心中疑惑甚為大
能疑所疑俱為大　值此疑惑不能決
顯現瘋狂之所行　疑東疑西疑南北

疑亦疑黃疑青白　一切疑中最大疑
是乃為疑真瑜伽　汝知能疑者誰也
渠乃人中大獅子　決定究竟決無疑
法號悲海緣音者　汝知所疑者誰也
彼為超勝之世尊　具有三身四智體
無量光明無量壽　渠為世尊薄伽梵
應供善逝世間解　最上最等最第一
光明威赫無比倫　能所雙雙皆無比
光明本同本不二　能所光明照無邊

成就皆同常寂光　光明難顯能所故
法性光中難決定　無法決定無法了
法言隨他去解脫　能光所光無量光
同彼光芒不商量　疑彼疑自復疑他
疑來疑去法性相　法性光明中決定
彼等同證佛果位　此中直疑真決定
更無能越此疑者　疑惑光明隨類解
證持等無真實性　無生法性常寂光
不解疑中自法性　一切眾生同疑惑

同入此中決定疑　同入常寂光中疑
同顯大光明藏疑　法報化身顯現疑
真實究竟法體疑　決定成佛最無疑

雙破

死時無懼的把握啊！
南無薄伽梵，這是您甚深的恩典。

即下是上　即上是下
左右二壁　特來相打
真實面貌　阿阿阿阿

聞玄奘大師

聞玄奘大師遠紹如來、近光遺法

少小志氣古今豪
千百年後，螟蛉學子
躡跡光明，爭步道
大乘天名聞海外　萬古從來評價高
願諸如來光法藏　常住人天永不消

貪性一味無別歌

山上食物雖充沛　護法施主大布施
然於關房中自炊　依然大貪起貪吃
一切喜悅之飲食　祈請如實幻化前
滿足貪欲無別故　究竟貪欲與吃等
幻化食物顯現時　不顧一切吃將來
如實幻化之顯現　因何能吃與能嘗
自性貪故而顯現　顯現貪性不實故

為諸法性作莊嚴　渠本非來與非去
本住無生體性中　因汝招感而現前
豈彼有實與非實　緣起無生妙緣生
諸法無生不自生　生生顯顯輪涅果
通通棄捨住本然　本然無可住持故
不取不捨顯大千　貪性顯現大慈悲
大貪起兮大貪來　貪等一味無別故
特將一切吃進來　宛如摩訶伽羅尊
能飲五毒之精華　一切妖魔鬼怪血

一切眾生三根毒
毒性吃盡顯淨界
宛如自性之如來
乃至宛轉報化顯
一切吃盡無轉變
本性光明常寂光
依此一切不捨故
成佛無別與無著
朗然太耀常光明

五界五垢五執著
一切大貪大吃故
吃盡宇宙遍大千
通通吃盡法明藏
吃盡一切遍不留
大光明藏亦不顯
是故眾生遍成佛
不取是故顯寂光
空中自顯自消融

無住生心

妄念紛起飛揚時
此心自在無取捨
隨諸覺受顯諸境
自在法性而決定

普賢行

敬禮一切大恩師
住我頂嚴莫捨離
顯現如我化生子
祈聖住我莫捨我
秘密無邊普賢行
由彼法性心秘密
顯現如來秘密身

毗盧遮那聖海眾
由彼法性功德故
功德圓滿即成就
真實究竟佛智慧
我悉任運而圓成
加持我身三業淨
恆於十方三世界

普入一切遍無餘　無有空過等慈悲
法性秘密無言說　示有一切諸影現
如實無生不可得　一切眾生同成佛
毗盧性海不思議　一切眾生頂巖成
南無大方廣佛華嚴經
華嚴會上佛菩薩

法界佛身

佛身廣大界　智眼悉明了
一念顯一切　法界如虛空
無有生滅相　一切不可得
如來大威神　於其影中現

普賢讚

南無普賢菩薩摩訶薩
普賢行願殊勝行圓滿毗盧遮那行
究竟寂滅不可得無生之中顯光明
無為寂靜難思議顯現無邊殊勝果
一切諸佛同讚嘆普賢菩薩廣大願
今我願入普賢海同證普賢勝行滿
即因即果毗盧行圓證光明顯佛身

空即是色

空中無涅槃
無色示顏色
花好直須折
飛象空度河
兩般堪相見

感伊慈悲深
嬌媚最可人
折花本無根
白馬回頭痕
一切寂無聲

仙鄉

人間告我有仙藥
白雲深處遙難知
黃昏時節落曉日
才知仙鄉不必尋

詠自性

寂寞無人梧桐花
相見恨晚本不差
老來葉落無人顧
相看可憐苑裡插
白梅本是花中王
流落山中誰人家
感伊情深伴與他

原來共是本一家
白梅梧桐深山間
伴我常看日雲霞
午來寒雨偶淅淅
夜看星辰是我家
遠處燈火無覓處
原本無根自飄零
花好風吹間葉聲
山嵐深處本無涯

大樂瑜伽

相續而不常
顯空而不斷
大樂常瑜伽
究竟自在樂

海印

華嚴空處境
重重影現深
寂滅無人識
原來一家人

讚佛

善哉薄伽梵
慈悲老婆心
示伊真實道
原來非別人

因果

可憐心緒任漂萍
無整無運任散心
今朝莫恨今朝事
不知昨日已種根

無生法界

觀與所觀能所泯
究竟無生法界生
本來一同無一物
千變萬化採將來

饒舌

雲裏看花花是霧
霧中看花卻非雲
本來無事誰饒舌
花中雲霧亂紛紛

無事

鳥叫聲頻頻　哀怨孤獨影
萬里空山嶽　寧知海誓深
身已付光明　法界空覺身
意付無作已　覺竟更深沈
口吟無事曲　諸佛唯能和
青山人跡絕　秋月獨照心

子母光明會

根本後得無分別
子母光明本一味
大智海中大智生
無生法界無生滅

憐他

「彌勒不斷煩惱，不修禪定。」

或謂煩惱已斷，禪定已斷，卻是謗他彌勒。

豈不聞六祖道：「慧能無伎倆，不斷百思想，對境心數起，菩提作麼長。」不會者卻莫謗法，為眾生縛者也，慎哉！

本無憐他情　卻有憐他意

萬般總做作　卻也不怪他

法妙

海印所顯現
徧諸大地成
緣起說妙法
法妙不可思

常寂光

雖然此中如幻法
真如法界本皆然
能所一切咸寂滅
明空不二常寂光

讚佛

大道善來佛善誓
加持我身入我心
依彼如來威神力
彼無自性無生故
我之名號普徧聞
諸天呼我大乘天
人道顯現大貪相

名聞第一自光明
宛然自在住我頂
口中吐出深梵音
一切無依聲空語
天上天下不同稱
慢性宛然而自在
大悲日性極明顯

修羅忿怒極恐怖
餓鬼諸道貪火熾
畜牲癡眠不悟者
三毒顯現無間獄
遊行六道世間已
諸佛長子第二師
普雨法雲於一切
遊諸一切清淨海
圓滿普賢諸行願
自現緣覺深緣覺

我現忿怒大金剛
慈心三昧現癡貪
癡性法光咸自現
五毒自在顯五智
一切佛剎皆徧住
承受灌頂無有餘
等諸佛陀頂世尊
一切菩薩之上首
顯現文殊智慧光
自覺自性具大悲

普入一切聲聞道
俱生顯現法界體
自在受用諸大樂
三身四智體中圓
頂禮三寶所出生
二乘呼我大悲者
我當秉諸金剛杵
一切自在大自在
依彼大樂自在故

大慈大悲恆不離
宛然示現諸世間
身現寂滅無生相
法界體性之所生
一切大悲所勸現
六道無畏而稱呼
摧碎四魔使成佛
顯現諸有咸成佛
隨順佛教之所說

大涅槃

我住一切差別境
恆顯無邊平等法
究竟無生永決定
法性出生大涅槃

輪涅不二

此樂甚深無依處
恆顯一切無差別
無生所生如幻境
輪涅不二寂滅行（取捨難）

後記

取捨難，本謂不必將心取捨，以不必要故；然恐見者會錯故易之爾。

緣起妙化

真如勝利者
摧伏諸般有
體性常無生
緣起妙化現

諸佛不說法

諸佛常休息
常示不說法
我亦如是覺
寂滅法界性

海印三昧

秘密出玄失時空，一味等同。
重重影現義皆同，華嚴佛無窮。

達磨讚

隻履空歸誰識得
宛轉笑顏在古今
萬里時空覩君面
至今不再笑煞人

轉輪王

清淨金網轉輪王
甚深三昧體空寂
無生出生諸功德
頗梨光明大圓鏡

普賢平等行

普賢行即無所行
無所行即普賢行
平等平等真平等
如是普入普賢行
十方三世平等覺
出興如來普賢行

無生佛

普賢智無邊
出生一切佛
佛佛等無生
無念一切劫

懷泗之際

而今於懷泗之際乎，當會隱者，以賾法光之續也；當善會法性而已。

緣起非見者，起也起而已；起不起，性起也。是時也，非時也，未之有之，如是者，如之，一而已；乃一異不可得，如是而已乎，乃無見者，無作者，非無見者，非無作者乎。

無以少因緣，出於世也；當習其韜光養晦者，隱於天地之際，出興之時，如來知爾，何必我也。

蜂巢

今晨見屋內蜂巢，群蜂不動似斃（其實尚活），心中一喜，突然間悔念隨起。

余修行至今尚不能把握念念隨順慈悲眾生，而竟尚存為自我安身，雖不傷彼等，然喜彼自然命去之心，以求自安穩，實可恥哉！人心之險惡毒狠難測若此爾。

菩薩畏因，眾生畏果；實每一眾生每一果報，皆有因緣爾。

菩薩行者應維護根塵，不使稍逾，犯人禾稼！甚且念念慈悲，集佛功德，度諸眾生；更應時時懺悔，念念密護識念，菩薩實大密行者。

然爾！願從今後：一念惡性不起，念念隨順菩提道中，為稱法行；念念為法性中事，直心直起法性爾，謂直心道場，念念為菩薩種性事，謂大悲事業，直得成就；念念為諸佛心事，直顯大光明藏，一切果地中行；實踐十方三世諸佛大願，一切普賢行願；莊嚴諸佛淨土，使一切眾生成佛；自證十方三世一切諸佛果地爾。

從今爾後，當飢來吃飯，睏來打眠，迴向世間爾。

無修

心中有強烈無修的覺受，釋迦牟尼佛於見道後，當夜獲得一切成就；而我未能如此，當是過去業障深重故。

吾等凡夫未具因地大力，是故當待銷磨宿業，乃至蠲除微細障惑爾。

此身決定化光無疑，必定得究竟無疑也；當勤求三寶、佛、如來之加被，本尊、空行、護法之佑護，行於法性之際，住於無住之所，無間流水三摩地現前流行，以成證原始光明身。

任運而修修時修　無修之時且無修
修與無修法性體　光明自在體安然
我與諸佛一體同　本來無生而出生
顯現空悲幻化境　及示自樂妙體然
顯現於諸空有中　無限光明自光明
因緣將至法性盡　原始光明童瓶身
子母雙層法性中　本覺始覺同不同
妙用瑜伽體即非　元明心妙用即成

作者簡介

地球禪者洪啓嵩，為國際知名禪學大師。年幼深感生死無常，十歲起參學各派禪法，尋求生命昇華超越之道。二十歲開始教授禪定，海內外從學者無數。

其一生修持、講學、著述不綴，足跡遍佈全球。除應邀於台灣政府機關及大學、企業講學，並應邀至美國哈佛大學、麻省理工學院、俄亥俄大學，中國北京、人民、清華大學，上海師範大學、復旦大學等世界知名學府演講。並於印度菩提伽耶、美國佛教會、麻州佛教會、大同雲岡石窟等地，講學及主持禪七。

畢生致力以禪推展人類普遍之覺性運動，開啓覺性地球，2009 與 2010 年分別獲舊金山市政府、不丹王國頒發榮譽狀，於 2018 年完成歷時十七年籌備的史上最大佛畫—世紀大佛（166 公尺 X72.5 公尺），在藝術成就上，被譽為「二十一世紀的米開朗基羅」，在修證成就上，被譽為「當代空海」，為集禪學、藝術與著作為一身之大家。

歷年來在大小乘禪法、顯密教禪法、南傳北傳禪法、教下與宗門禪法、漢藏佛學禪法等均有深入與系統講授。著有《禪觀秘要》、《大悲如幻三昧》等〈高階禪觀系列〉及《現觀中脈實相成就》、《智慧成就拙火瑜伽》等〈密乘寶海系列〉，著述近二百部。

虹彩光音02《草庵歌》
作　　者　洪啓嵩
執行編輯　蕭婉甄、莊涵甄
美術設計　吳霈媜、張育甄
校　　對　許諺賓
出　　版　全佛文化事業有限公司 www.buddhall.com
　　　　　訂購專線：(02)2913-2199 傳真專線：(02)2913-3693
　　　　　匯款帳號：3199717004240 合作金庫銀行大坪林分行
　　　　　戶　　名：全佛文化事業有限公司
　　　　　E-mail:buddhall@ms7.hinet.net
門　　市　覺性會館・心茶堂
　　　　　新北市新店區民權路95號4樓之1 (02)2219-8189
行銷代理　紅螞蟻圖書有限公司
　　　　　台北市內湖區舊宗路二段121巷19號 (02)2795-3656

初版一刷　二〇一八年一月
精裝定價　新台幣二五〇元
ISBN 978-986-6936-95-1（精裝）

ISBN 978-986-6936-95-1
9 789866 936951
NT$250

國家圖書館出版品預行編目（CIP）資料

草庵歌 / 洪啟嵩作 . -- 初版 .
-- 新北市 : 全佛文化 , 2018.01
面 ;　公分 . -- (虹彩光音 ; 2)
ISBN 978-986-6936-95-1(精裝)
224.512　　107000072